Tall Tails From A Mountain Slope

Los rabos altos de la ladera

Story by/ Cuento por María Retana

Illustrated by/ Ilustrado por Salva Ferrando

The author and illustrator would like to acknowledge Heidi Johnson for providing many photos of Herman and other coatis who regularly visit her residence in Bisbee, AZ. Many thanks to Izak Last for editing the book's English text. Deep appreciation goes to Diane Fahrner for her constant support, encouragement and assistance when formatting the e-reader and print-on-demand versions.

High Desert Productions http://www.mariaretanabooks.com

Reading opens Worlds.
Start now!

Maria L. Retana

To my dear friend Sherri Henry-Steuber, a nature and wildlife lover. Sherri remembers seeing her first Coatimundi with her family on an outing in Garden Canyon, Fort Huachuca, AZ.

Para mi querida amiga Sherri Henry-Steuber, amante de la naturaleza y de la fauna y flora. Sherri recuerda junto a su familia haber visto su primer coatimundi cuando paseaban por Garden Canyon, Fort Huachuca, AZ.

M.L.R.

For my parents, Salvador and Amparo, for their hard work, dedication and patience, but especially for transmitting to me their passion for reading, among other things.

A mis padres, Salvador y Amparo, por su trabajo, dedicación y paciencia, y en especial por transmitirme, entre otras muchas cosas, su pasión por la lectura.

S.F.

On a mountain slope in the Southwest US, a forest of oak and pine trees grows. It is home to a tribe of White-nosed Coatis. The tribe is made up of females and younger ones. Soon, the adult male, also called the Solitary One, will join them.

En una ladera de la montaña en el suroeste de EE.UU., un bosque de robles y pinos crece. Es el hogar de una tribu de coatíes de hocico blanco. La tribu consiste de hembras y los críos. Pronto, el macho adulto, también llamado el solitario, se integrará al grupo.

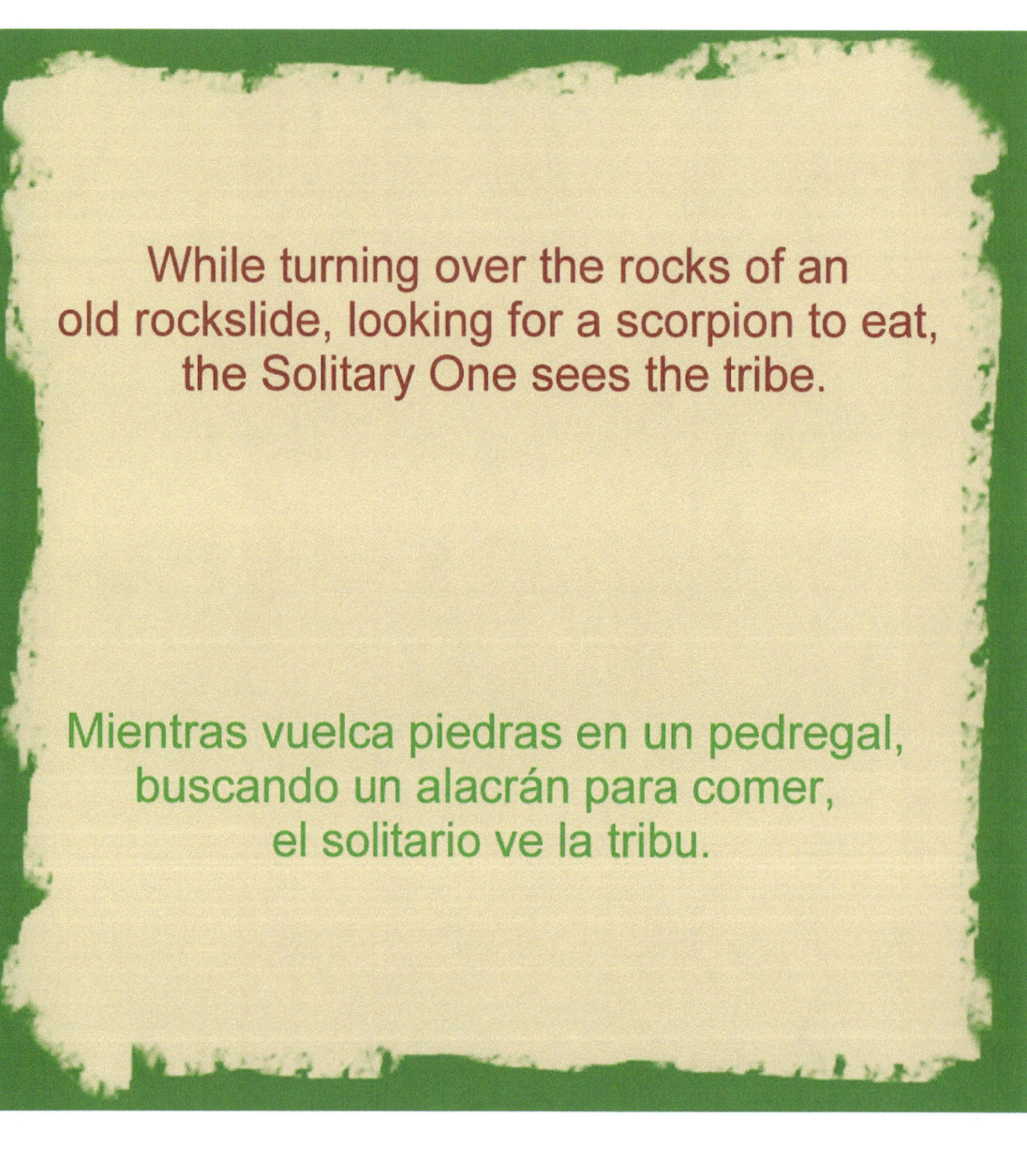

While turning over the rocks of an
old rockslide, looking for a scorpion to eat,
the Solitary One sees the tribe.

Mientras vuelca piedras en un pedregal,
buscando un alacrán para comer,
el solitario ve la tribu.

The coatis are taking their mid-day
siesta under the shade of the forest pines.
Do you see how they curl up in a ball with
their noses
on their stomachs?

Los coatíes están tomando la siesta
del mediodía bajo la sombra de
los pinos del bosque. ¿Ves cómo se
acurrucan en una bola con sus hocicos
en las barrigas?

A familiar smell awakes the tribe.
Together they bound up the trees
in a single jump, screaming like monkeys.
They are just in time to see a
red-tailed hawk taking its meal
somewhere else.

Un olor familiar despierta a la tribu.
Juntos suben los árboles de un solo salto,
dando de gritos como monos.
Llegan justo a tiempo para ver a
un halcón coli-rojo llevarse su comida
a otra parte.

Head first, the leaders come down
and carefully check around to make
sure the danger has passed.
Slowly, the rest of the tribe climbs down
from the trees. Some, head first;
others, tail first.

Los líderes bajan de cabeza,
y miran con cuidado a su alrededor,
asegurándose de que ya haya pasado
el peligro. Lentamente el resto de la tribu
baja de los árboles. Algunos, de cabeza
primero; otros, cola primero.

With their tails erect and tips
curled up, the coatis forage with their
noses in the fallen leaves. They are
looking for tasty insects or lizards to eat.
Do you see who slowly
joins the tribe? You're right!
It's the Solitary One.

Con los rabos parados y las puntas
enroscadas, los coatíes forrajean con los
hocicos en las hojas caídas. Buscan
insectos sabrosos o lagartijas para comer.
¿Ves quién se une despacito a
la tribu? ¡Tienes razón! Es
el solitario.

Later, when the sun sets,
the tribe begins to walk crossing the creek
towards their nests. Can you see the
rocky caves up the hill?
That's where the tribe will
sleep tonight.

Más tarde, al ponerse el sol, la tribu
camina cruzando el arroyo hacia sus nidos.
¿ Ves las cuevas rocosas de la colina?
Ahí es donde dormirán esta noche.

When morning comes, the coatis leave
their nests to have breakfast. Did
you know coatis like to eat tarantulas? They
clean their breakfast by rolling
it back and forth between their forepaws.
Their strong, sharp claws and big
teeth also help them eat.

Al amanecer, los coatíes abandonan
sus nidos para ir a desayunar.
¿Sabías que a los coatíes les gusta
comer tarántulas? Limpian el desayuno
rodándolo hacia atrás y adelante
entre sus patas delanteras. Sus garras
fuertes y afiladas, y sus grandes dientes
también les ayudan a comer.

Just before they are ready
to have their babies, mother coatis
become very fat and clumsy.
They go to hard-to-reach caves so
their cubs are born in a safe place.
No one is allowed to see them
until about five weeks later when
the mothers bring them out of the caves.

Justo antes de que estén listas
para tener a sus críos, las madres coatíes
se vuelven muy gordas y torpes.
Van a las cuevas, que son difíciles
de llegar, para que sus cachorros
nazcan en un lugar seguro. Nadie los ve
sino hasta cinco semanas más tarde,
cuando las madres los sacan de las cuevas.

Coati cubs are brown with a
long white nose and a tail
with many rings. Their bellies are
whitish-yellow to deep brown. Their fur
is like soft bristle. Do you see
how they look like a smaller version
of the mother?

Los cachorros coatíes son de color café
con un hocico largo y blanco
y una cola larga anillada.
Sus barrigas son de un color
blancuzco amarrillo a un café oscuro.
El pelaje es como cerda suave.
¿Ves cómo se parecen a sus madres
pero en versión miniatura?

The cubs' siblings welcome them to
the tribe with piggy back rides.
By chatting and grooming each other
the cubs will learn how to live
within the tribe.

Los hermanos de los cachorros les dan
la bienvenida a la tribu con paseos
a caballo. Chachareando
y acicalándose aprenderán
a vivir dentro de la tribu.

Summer is ending and the
Solitary One will go away. He will
live by himself until next Spring. See how
the tribe lets him know who's the boss?

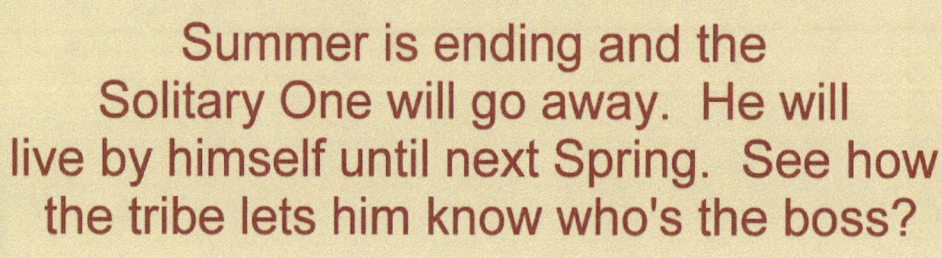

Ya casi termina el verano
y el solitario deberá marcharse.
Vivirá solo hasta la próxima primavera.
¿Ves cómo la tribu le hace saber
quién manda?

Look, the tribe is playing peek-a-boo!
As you can see, coatis are very
quick and clever, just like you!

¡Mira, la tribu está jugando a cucú!
¡Como puedes ver, los coatíes son muy
ágiles y listos, como tú!

About The Author/Sobre La Autora

María Luisa Retana was born in Cuba. She received her B.A. in Spanish and Comparative Literature from the University of California, Riverside. She has worked extensively with children of all ages in scholastic and cultural events as well as in theater. She is the author of twenty published bilingual children's books. On December 2008 Mrs. Retana received her first literacy award given by the International Reading Association and the Cochise Area Council.

María Luisa Retana nació en Cuba. Se recibió con una Licenciatura en Literatura Española y Comparada de la Universidad de California en Riverside. Ha trabajado extensamente con niños de todas las edades en eventos escolares y culturales, e igualmente en teatro. Es la autora de veinte libros bilingües para niños. En diciembre del 2008 la Sra. Retana recibió su primer premio literario dado por The International Reading Association y por The Cochise Area Council.

About The Illustrator/Sobre El Ilustrador

Salva Ferrando is a Spanish illustrator born in the City of Valencia in 1966. Self-taught, he has accomplished much in more than 20 years of his professional career illustrating books and other publications for well known Spanish publishing houses. He has illustrated for iPad apps, comic books and storyboards for film and other media. This past year he has illustrated for US and Australian customers. Mr. Ferrando invites you to visit his website at www.ferrandoilustrador.com

Salva Ferrando es un ilustrador español nacido en 1966, en la ciudad de Valencia. De formación autodidacta, a lo largo de más de veinte años de carrera profesional ha ilustrado libros y publicaciones para algunas de las más destacadas editoriales españolas. Ha realizado ilustraciones para aplicaciones de iPad, cómics y story-boards para cine y publicidad, trabajando en el último año también para EEUU y Australia. El Sr. Ferrando te invita a que visites su sitio en www.ferrandoilustrador.com